GoGo 싱
우쿨렐레

우쿨렐레 급수 지정곡집 10~1급

일신서적출판사

차례

Go Go 싱 연습

Go Go 싱 연주

10급 A

10급 B(폴카 + 고고)

9급 A

9급 B(고고1)

8급 A

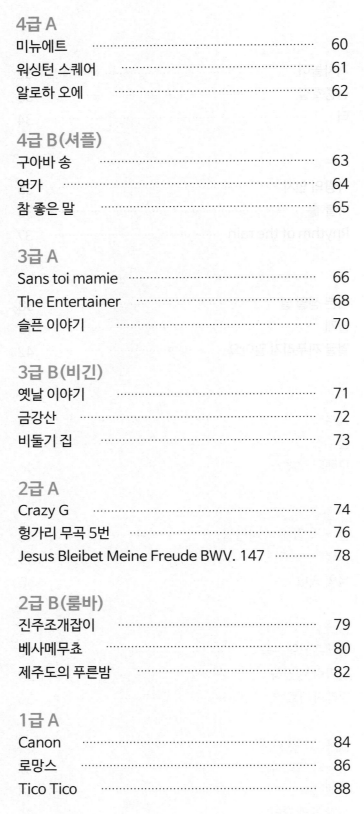

급수 포인트

※ A곡은 타브 연주 능력 시험(각 급수별 포인트)
※ B곡은 반주 능력 시험(각 급수별 반주법)

10급A 아포얀도로 타브 연주하기
10급B 4비트 폴카와 8비트 고고 주법을 2, 4에 악센트 넣어서 연주
 9급A 점4분음표 박자 표현 능력, 멜로디 표현 능력
 9급B C장조 주요3화음 C, F, G7 코드 이동의 원활함과 고고 리듬
 8급A 멜로디에 스트로크를 넣어서 연주하는 능력
 8급B 고고2 리듬과 Dm, Am 코드
 7급A 타브 훈련 강화
 7급B G장조 주요3화음 G, C, D7 코드와 칼립소 리듬
 6급A 블루스 표현 능력과 곡 해석력
 6급B 슬로우고고 주법의 기본과 변형 스트로크의 연주 능력
 5급A 스타카토, 쉼표의 표현 기법(손가락 뮤트 표현)
 5급B 두 가지 고고 컷팅 주법
 4급A 타브의 확장 표현 능력과 곡 해석력
 4급B F장조의 주요3화음과 부3화음으로 셔플 리듬 연주
 3급A 2핑거 연주 능력과 타브의 확장 표현 기법, 헤머링, 풀링 오프 표현
 3급B 비긴 주법으로 노래하며 연주
 2급A 전체적인 연주 능력(아티큘레이션, 리듬감, 감정 표현 등)
 2급B 라스게아도를 사용한 룸바 리듬
 1급A 개인의 연주 표현 능력
 1급B High G 아르페지오 연주 능력과 여러 가지 주법 표현력

쉬운 악기라고 취급하기엔 너무나 배울 것이 많고 매력이 많은 우쿨렐레!
치면 칠수록 더 잘 치고 싶은 사랑스런 악기~
10급부터 1급까지 한 곡, 한 곡, 내 것으로 만들기를 소망합니다.

박정윤, 김종화

Go Go 싱 연습

- ♥ 개방현 줄 익히기
- ♥ 도~미 음 익히기
- ♥ 도~솔 음 익히기
- ♥ 도~도 음 익히기
- ♥ 스트러밍

1. 개방현 줄 익히기

4번줄 부터 차례로 노래하며 처음에는 계이름으로, 다음엔 타브를 보며 연주해 보세요.

2. 도~미 음 익히기

'아포얀도(Apoyando)'는 오른손 손가락이 줄을 퉁긴 후 다음 줄에서 멈추는 주법으로서, 큰 음을 내기에 알맞습니다. 손가락 끝에만 순간적으로 힘을 넣었다가 곧 힘을 빼, 다음 줄에 닿아서 소리를 크게 내는 주법입니다.

오른손 엄지를 사용하여 아포얀도로 천천히 연습해보세요.

9

3. 도~솔 음 익히기

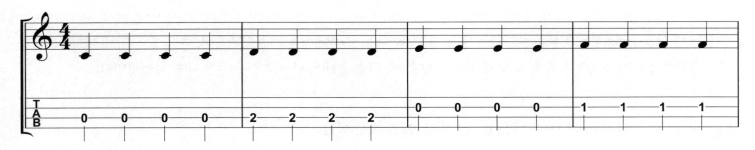

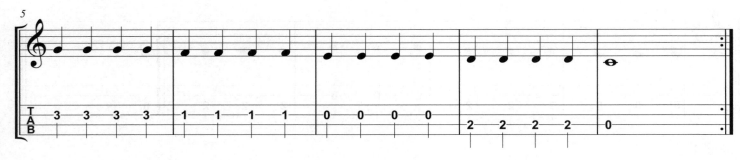

실전 1

실전 2

실전 3

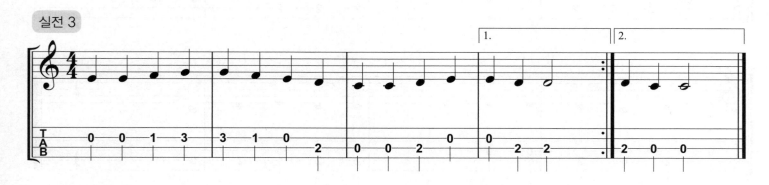

4. 도~도 음 익히기

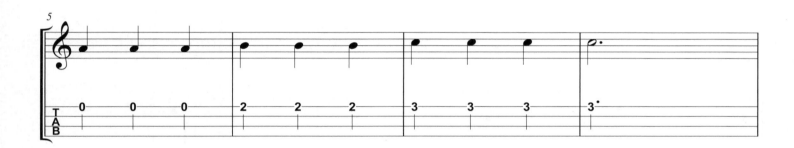

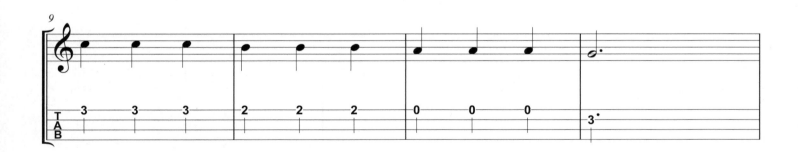

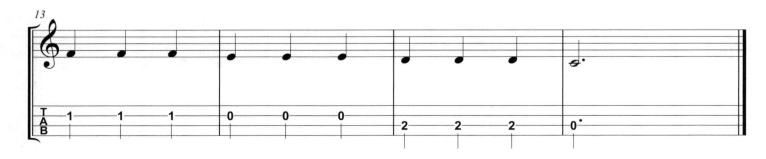

실전 1

실전 2

5. 스트러밍(Struming)

다운 스트러밍(검지손가락을 이용하여 부채를 부치듯이 내려칩니다.)

업 스트러밍(검지손가락 손톱 반대편의 살 부분을 부채를 부치듯이 올려칩니다.)

다운 업 스트러밍

악센트 연습

첫박과 세째박은 네줄을 다 치려 하지 말고 3,4줄을 가볍게 쳐주고, 악센트 부분은 강하게 네줄을 함께 칩니다. 왼손으로 코드를 잡지 않은 상태에서 4비트와 8비트 악센트 연습을 해 봅시다.

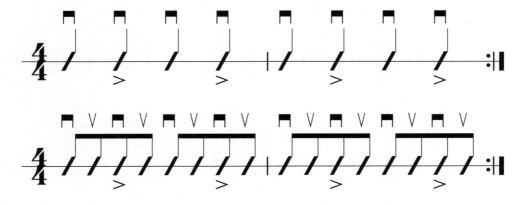

※ C 코드로 곰 세마리와 어린 송아지를 흥겹게 노래를 부르며 4비트와 8비트로 두번째와 네번째 박에 악센트를 넣어서 연주합니다.

※ C 코드를 잡을때 검지 손가락이 지판에서 떨어지지 않도록 넥 부분에 기대어 줍니다.

Go Go 싱 연주

♡ A타입 : 타브곡(연주곡)
♡ B타입 : 반주곡

바둑이 방울

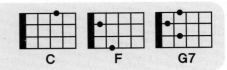

김규환 작사 · 작곡

허수아비 아저씨

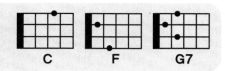

김규환 작사·작곡

하루종일우 뚝 서 있 는 성 난 허수아비 아 저 씨

짹 짹 짹 짹 짹 짹 짹 짹 짹 짹 새 들 이달 아 납 니 다

하 루종일우 뚝 서 있 는 성 난 허수아비 아 저 씨

아빠는 엄마를 좋아해

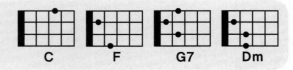

샤브리에 작사 · 조 무테 작곡

귀 여 운 새들이 노래 하 고　집앞 뜰 나뭇잎 춤 추 고　햇 님

이 방긋이 고개 들 면　우리 집 웃음꽃 피어 요　엄

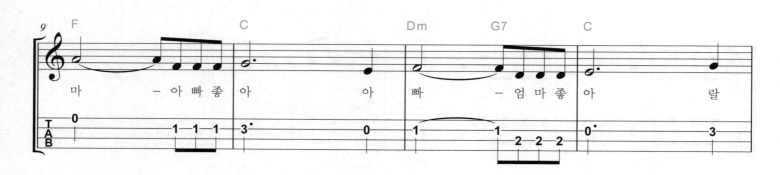

마 　 ― 아 빠좋 아　아 빠 　 ― 엄 마좋 아　랄

라 　 ― 랄랄랄 라　랄 라 　 ― 랄랄랄 라

텔레비전

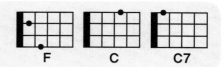

정근 작사·작곡

폴카

텔레 비전에 내가나왔으 면 정말좋겠네 ─ 정말좋겠네

텔레 비전에 내가나왔으 면 정말좋겠네 ─ 정말좋겠네

고고

춤 추고 노 래하는 예 쁜 내 얼 굴

폴카

텔레 비전에 내가나왔으 면 정말좋겠네 ─ 정말좋겠네

새 달력

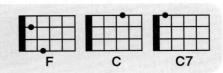

윤석중 작사 · 정혜옥 작곡

새 달력에 내 생일이 들 — 어 있 다

새 달력에 엄마생일이 들 — 어 있 다

새 달력에 아빠생일이 들 — 어 있 다

새 달력에 동생볼날이 들 — 어 있 다

10급 B

북극의 곰 사냥놀이

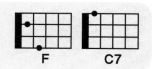

외국 곡

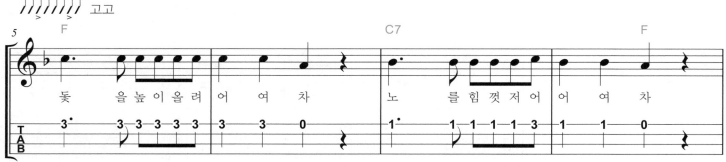

21

언제나 몇 번이라도

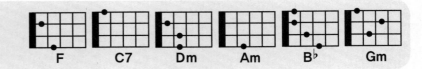

기무라 유미 작곡

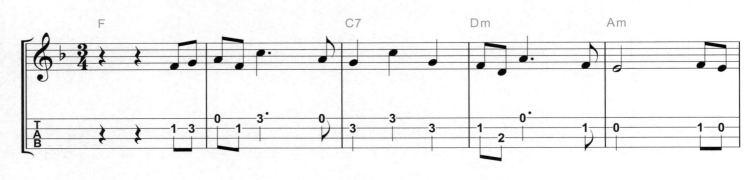

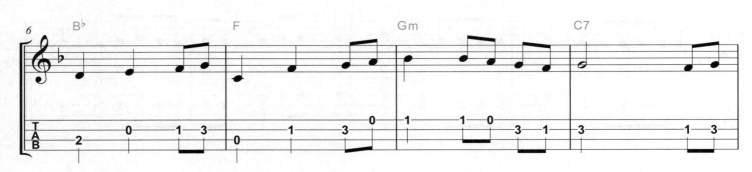

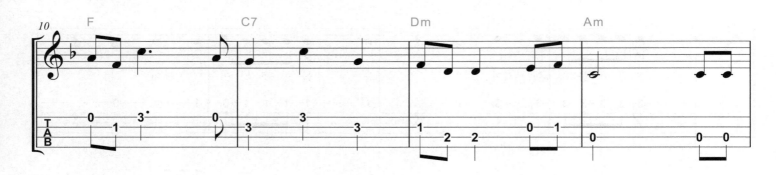

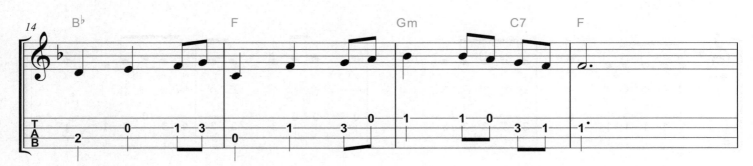

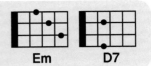

트라이 투 리멤버

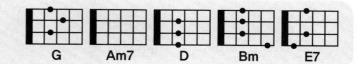

슈미트 작곡

하얀 나라

G7

고고

김성균 작사·작곡

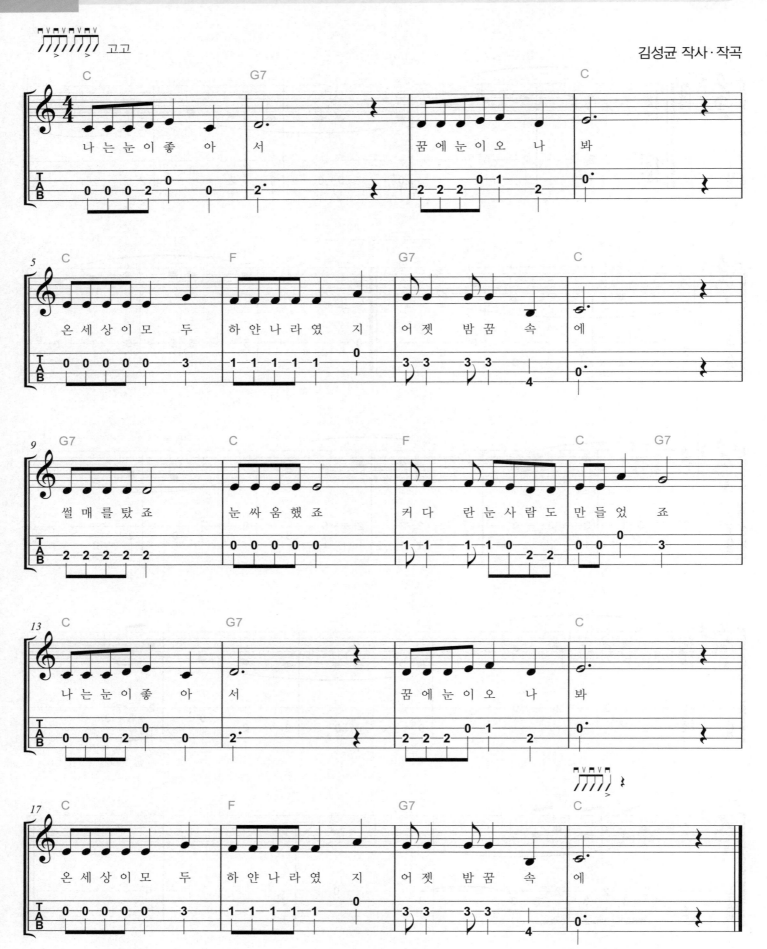

서로서로 도와가며

9급 B

어효선 작사 · 정세문 작곡

27

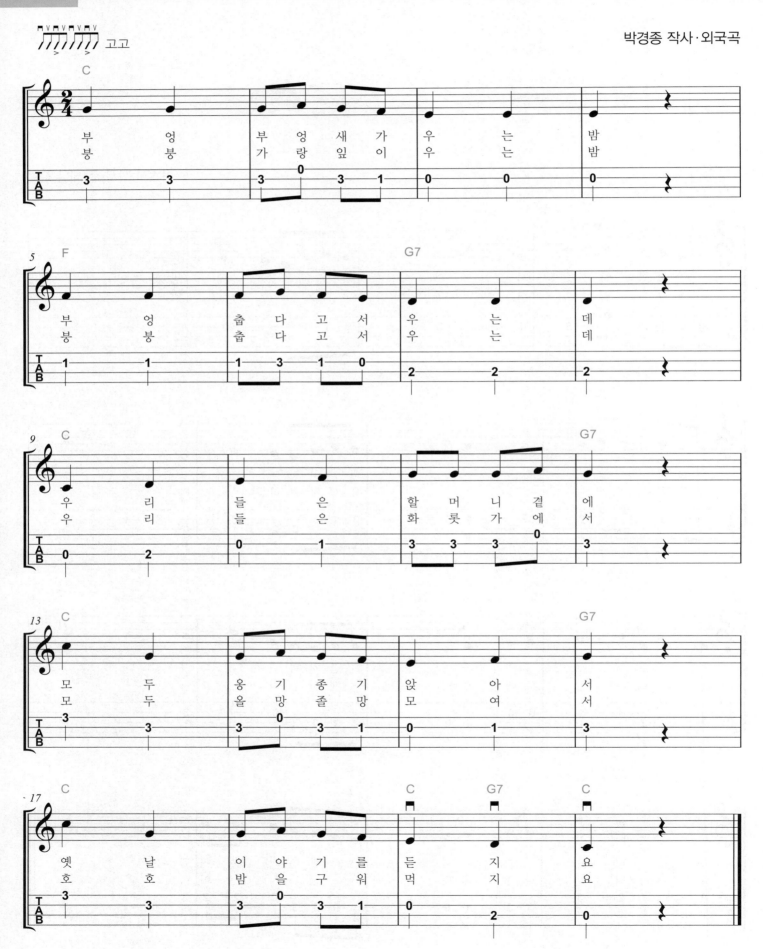

This Land Is Your Land

우디 거스리 작곡

앞으로

윤석중 작사·이수인 작곡

도레미 송

해머스타인 작사 · 로저스 작곡

기차놀이

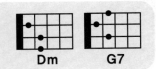

박경종 작사·정혜옥 작곡

산중호걸

이요섭 작사·작곡

터

한돌 작사·작곡

C 고고
저 산맥은 말 도 없 이 오 천 년을 살았 네
설 악 산을 휘 휘 돌아 동 해로접 어드 니

G7 C G7 C
모 진바람 을 다 이기고 이 터를지 켜 왔 네
아 름다운 - 이 강산은 동 방의하 얀 나 라

C F
저 강물은 말 도 없 이 오 천 년을 흘렀 네
동 해바다 큰 태양은 우 리의희 망 이 다

G7 C G7 1. C
온 갖슬픔 을 다 - 이기고 이 터를지 켜 왔 네
이 내몸이 - 태어난나라 온 누리에 빛 나

2. C F G7 C F G7 C
라 자유와 평 화 는 우리모 두의손 으 로 역 사

Am F Dm G7
의 숨 소 리 그날은 오 리 라 그 날

C Am Dm
이 오면은 모두기 - 뻐하리 라 우 리

G7 C G7 C
의 - 숨소리로 이 터를지켜나가 자

34

사랑의 인사

엘가 작곡

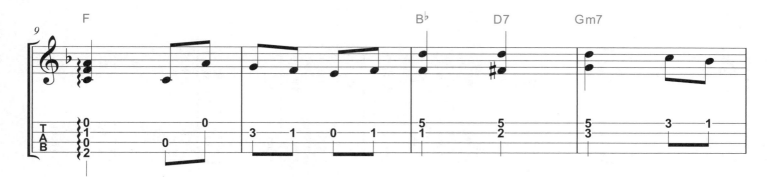

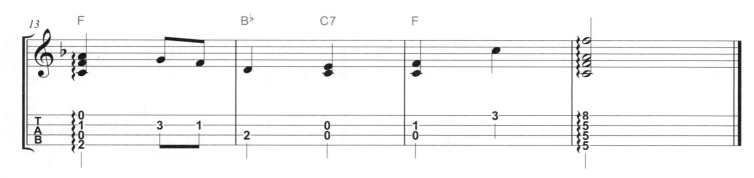

35

마블 홀

발프 작곡

Rhythm Of The Rain

거모에 작곡

Fine

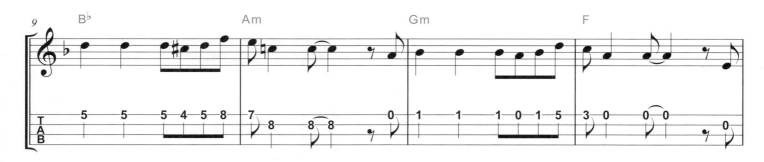

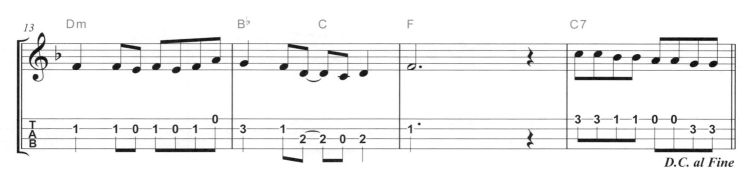

D.C. al Fine

기쁜 생일 날

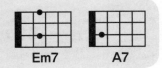

칼립소

박장순 작사·작곡

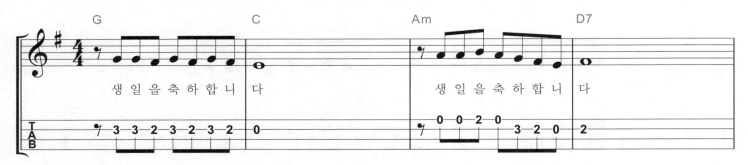

생일을축하합니 다   생일을축하합니 다

기 쁘고행복한 당 신의 —   생일을축하합니 다

일 년만에 찾아오는생일을 진심으로축하해 요

두 손 모 아 당 신 의 생 일 을 축 하 합 니 다

생 일 을 축 하 합 니 다 생 일 을 축 하 합 니 다

기 쁘 고 행 복 한 당 신 의 — 생 일 을 축 하 합 니 다

솔개

윤명환 작사 · 작곡

칼립소

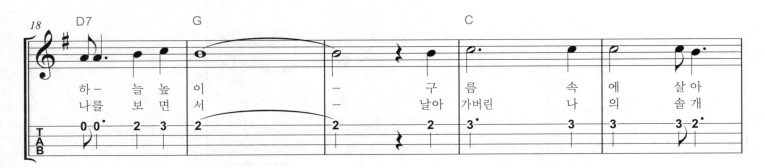

얼굴 찌푸리지 말아요

최창언 작사·작곡

얼 굴 찌 푸 리 지 말 아 요 모두가 힘 들 잖아 요 — 기

쁨 의 그날 위해 함께 하는 — 친 구 들 이 있잖아요 —

혼 자 라 고 느 껴 질때 면 주 위를 둘 러 보 세 요 — 이

렇 게 많은 이들 모 두 가 — 나 의 친 구 랍 니 다 —

Fine

우 리 가 는길이 결 코 쉽진 않 을 거 예 요 — 때 로 는

모 진 바 람 에 좌 절 도 하 겠 지 만 — 우 리

친 구 들 과 함 께 라 면 두 렵 지 않 아 — 우 리

D.C. al Fine

모 두 함 께 손 을 잡 고 원 투 원 투 쓰 리 포

Blues

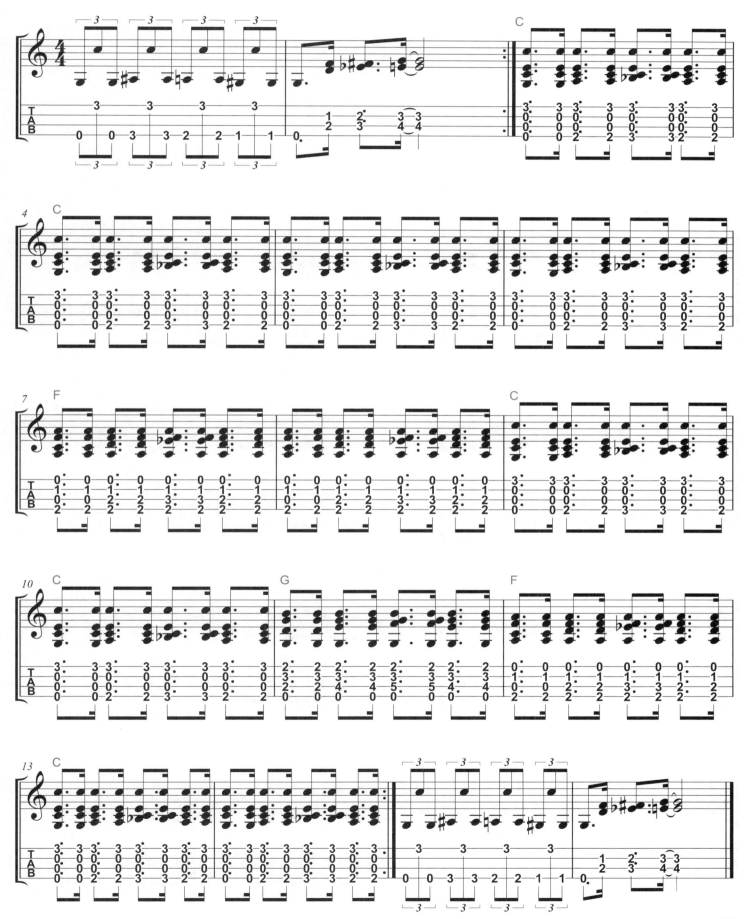

블루진

박정윤 작곡

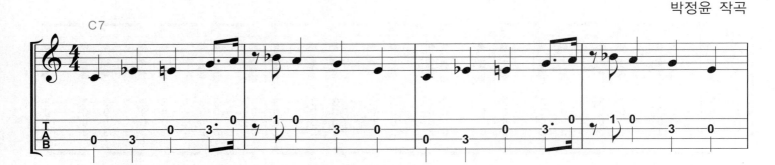

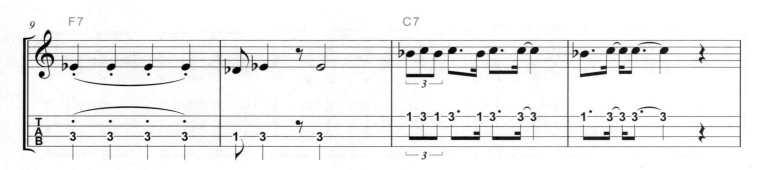

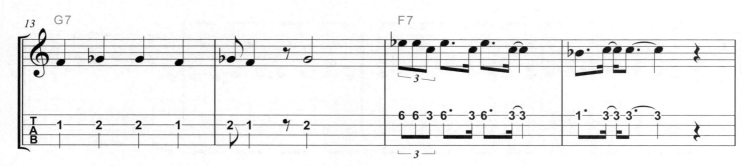

모베터 블루스

빌 리 작곡

D.S. al Coda

난 본적 없네 이 사랑을

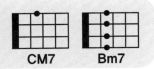

김종화 작사·작곡

(두 마디를 하나의 패턴으로 연주)

안녕

장경수 작사·장욱조 작곡

안 녕 귀여운 내 친 구야 – 멀
녕 내–작 은 사 랑아 – 멀

리 뱃고동 이 울 리면 – 네 가 울어주 렴 아무
리 별–들 이 빛 나면 – 네 가 얘기하 렴 아무

도 모–르 게 모두가 잠든밤 에 혼 자 서 안
도 모–르 게 울면서 멀리멀 리 갔 다 고 안

녕 귀여운 내 친 구야 – 멀 리 뱃고동 이 울 리면
녕 내–작 은 사 랑아 – 멀 리 별–들 이 빛 나면

– 네 가 울어주 렴 아무 도 모–르 게 모두
– 네 가 얘기하 렴 아무 도 모–르 게 울면

가 잠든밤 에 혼 자 서 안 고
서 멀리멀 리 갔 다

너의 의미

한 마디에 코드가 2개일 때　　　　　한 마디에 코드가 1개일 때

김한영 작사·김창완 작곡

너 의　그 한 마 디 말 도　　　그 웃음도 나에겐 — 커 다 란 의

미　　　너 의　그 작 은 눈 빛 도　　쓸쓸한뒷모습도 나에겐 — 힘 겨 운 약

속　　　너 의 모 든 것 은 내 게 로 와

풀 리 지않는 수 수 께 끼 가 — 되 네　　　　슬 픔 은　　간 이 역 의

코스모스로 피고 — 스 처 불어온 너 향긋 한 — 바람 —

나 이제 뭉게구름 위에 성 을 짓고 — 널 향해 창 을 내 — 리 바람

드 는 창을 — 너 의 그 한 마 디 말 도 그 웃음도

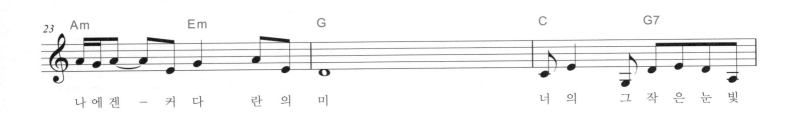

나 에 겐 — 커 다 란 의 미 너 의 그 작 은 눈 빛

도 쓸 쓸 한 뒷 모 습 도 나 에 겐 — 힘 겨 운 약 속

라데츠키 행진곡

요한 슈트라우스 작곡

· 스타카토를 잘 지켜서 연주하세요.

D.S. al Coda

젓가락 행진곡

· 스타카토를 뮤트시켜 연주합니다. (*i* : 검지, *m* : 중지)

륄리 작곡

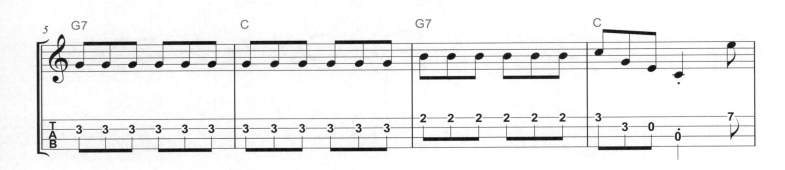

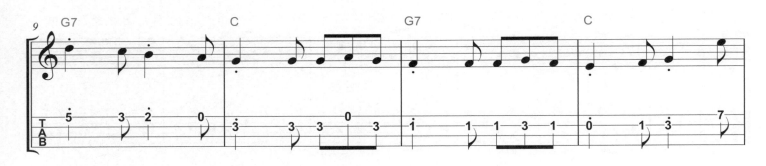

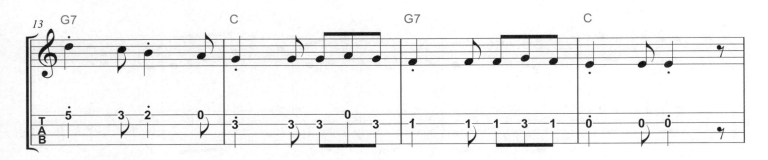

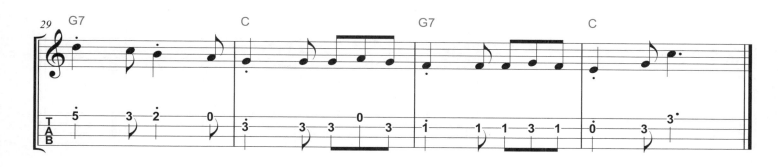

알레그레토

· 스타카토와 쉼표 전 음표를 손가락으로 뮤트해 줍니다.

(m으로 치자마자 i로 뮤트해 주고 i로 치자마자 m으로 뮤트해 줍니다.)

디아벨리 작곡

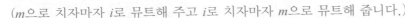

아빠와 크레파스

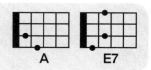

이혜민 작사 · 작곡

신데렐라

이정선 작사·작곡

C
오늘은기분이좋아   랄랄랄랄랄랄랄 라

F   C   F   G7
저하늘높이   날개를펴고   날 아갈것같아요

C
오늘은기분이좋아   랄랄랄랄랄랄랄 라

F   C   F   G7   C
오래전부터   간직한꿈이   이루 어질것같아요

Fm   C   A   Dm
꽃들이너 무 예뻐요-   이세상모두 가 눈이부셔요

Fm   C   A   D7   G
착 한마음으로세상을보면   모두가아름다워요

C
오늘은기분이좋 아   랄랄랄랄랄랄랄 라

F   C   F   G7   C
오래전부터   간직한꿈이   이루 어질것같아요

사랑의 배터리

B7

강은경 작사·조영수 작곡

컷팅 고고

나를 사랑으로 채워줘요 - 사랑의 배터리가 다 됐나봐 - 요 당신 없인 못살아 정말

나는 못살 - 아 당신은 나의 배터 - 리 - 얼짱이 아니라도 좋아요

몸 짱이 아니라도 좋아요 나만을 위해줄 당신이 바로 내겐 - 짱이 - 랍니

다 - - 한번 더 나를 안아 주세요 가슴이 터지도록 안아주세요

사랑의 약 발이 떨어졌나봐 당신 - 이 필요 - 해요 나를 사랑으로 채워줘요

- 사랑의 배터리가 다 됐나봐 - 요 당신 없인 못살아 정말 나는 못살 - 아

당신은 나의 배터 - 리 내겐 당신만이 전부예요 - - 당신이 너무 좋아 완전 좋아

- 요 하나 뿐인 내 사랑 둘도 없는 내사 - 랑 당신이 짱이랍니 - 다 -

미뉴에트

바흐 작곡

워싱턴 스퀘어

골드스타인 작곡

알로하 오에

릴리우오칼라니 작곡

구아바 송

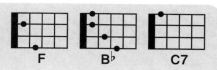

김시환 작사·지성욱 작곡

포카레카레 아나

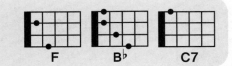

뉴질랜드 민요

(두 마디를 하나의 패턴으로)

비 바람 이치 던 바   다   잔 잔해 —져 —오 면
밤 하늘 에반 짝 이 는   별 빛도 아름 답 지 만

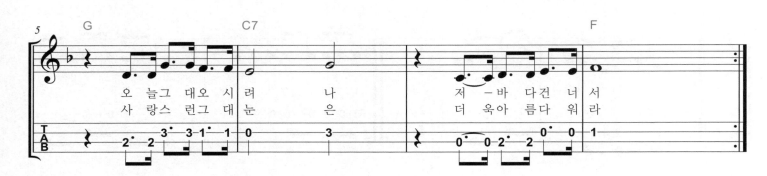

오 늘그 대오 시 려   나   저 —바 다건 너 서
사 랑스 런그 대 눈 은   더 욱아 름다 워 라

그 대만 을   기 다 리 리   내 사 랑

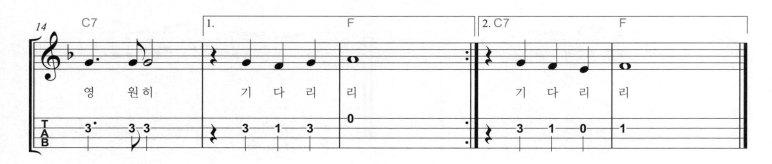

영 원히   기 다 리 리   기 다 리 리

참 좋은 말

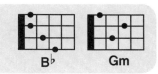

김완기 작사 · 장지원 작곡

Sans Toi Mamie

· 멜로디와 리듬을 조화롭게 연주하려면 손가락 번호를 잘 보고 연주하세요.

아다모 작곡

The Entertainer

조플린 작곡

D.S. al Coda

슬픈 이야기

호만 작곡

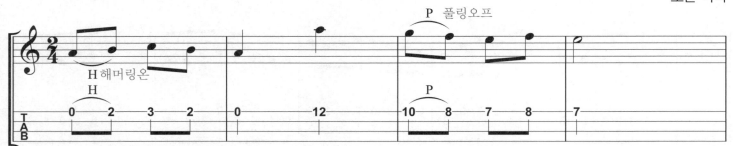

H : 어떤음을 튕겨서 소리낸 다음 왼손가락으로 망치로 때리듯이 강하게 눌러 음을 만드는 주법. 순간적으로 빨리(음을 상향할 때 사용)
P : 오른손으로 피킹하여 소리낸 다음 왼손가락으로 현을 당기듯이 소리내는 주법(음을 하행할 때 사용)

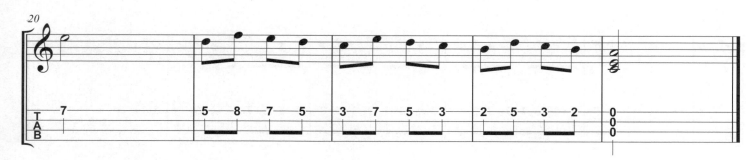

옛날 이야기

전유순 작사·이용수 작곡

금강산

강소천 작사·나운영 작곡

비긴

G　　　C　　　G　　　　　　　　　　D7　　G

금강　산찾아가자　일만이천봉　볼수　록아름답고　신기하구나
금강　산보고싶다　다시또한번　맑은　물굽이－쳐　폭포이루고

D7　　　　　　G　　　　　D7　　　　　　G

철따라－고운옷　갈아입는산
갖가지옛이야기　가득지닌산

G　　　C　　　G　　　　　　　　D7　　　G

이름　도아름다워　금강이라네　금　강－이라　네
이름　도찬란하여　금강이라네　금　강－이라　네

비둘기 집

전우 작사·김기웅 작곡

2급 A   Crazy G

Allegro
♩ = 140

제이크 시마부쿠로 작곡

헝가리 무곡 5번

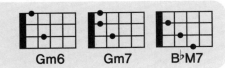

브람스 작곡

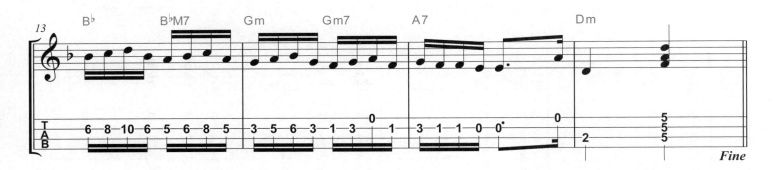

Jesus Bleibet meine Freude BWV.147

바흐 작곡

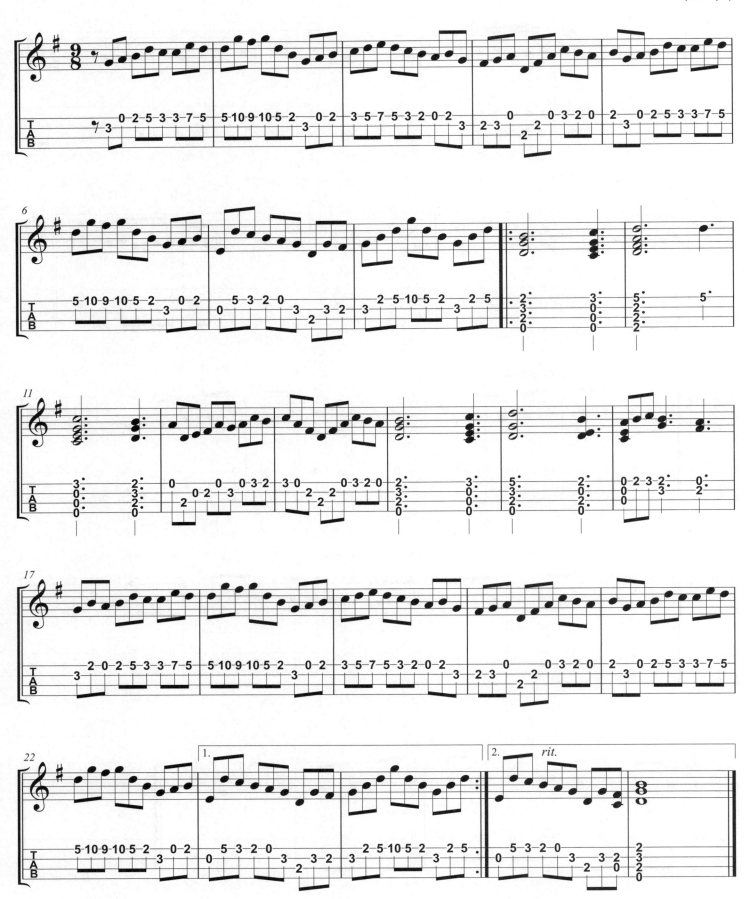

진주조개잡이

하와이 민요

베사메무쵸

현동주 작사 · 콘수엘로 벨라스케스 작곡

제주도의 푸른밤

G7sus4

최성원 작사·작곡

C 룸바
떠나요 — 둘이서 — 모든 걸 — 훌훌버리
— 더이상 — 얽매 이 긴우린싫어

Em   F

C   Am   D7
고요 제주도 — 푸른밤 — 그별아래
요 신문에 — T V에 — 월급봉투

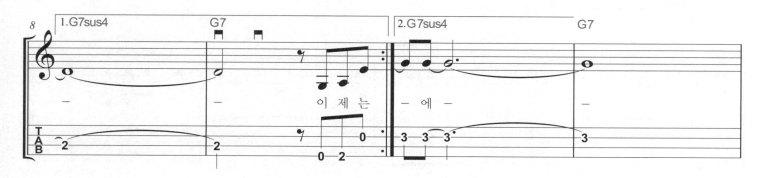

1.G7sus4   G7   2.G7sus4   G7
— — 이제는 — 에 — —

Canon

파헬벨 작곡

로망스

스페인 민요

Tico Tico

제키냐드 아부레우 작곡

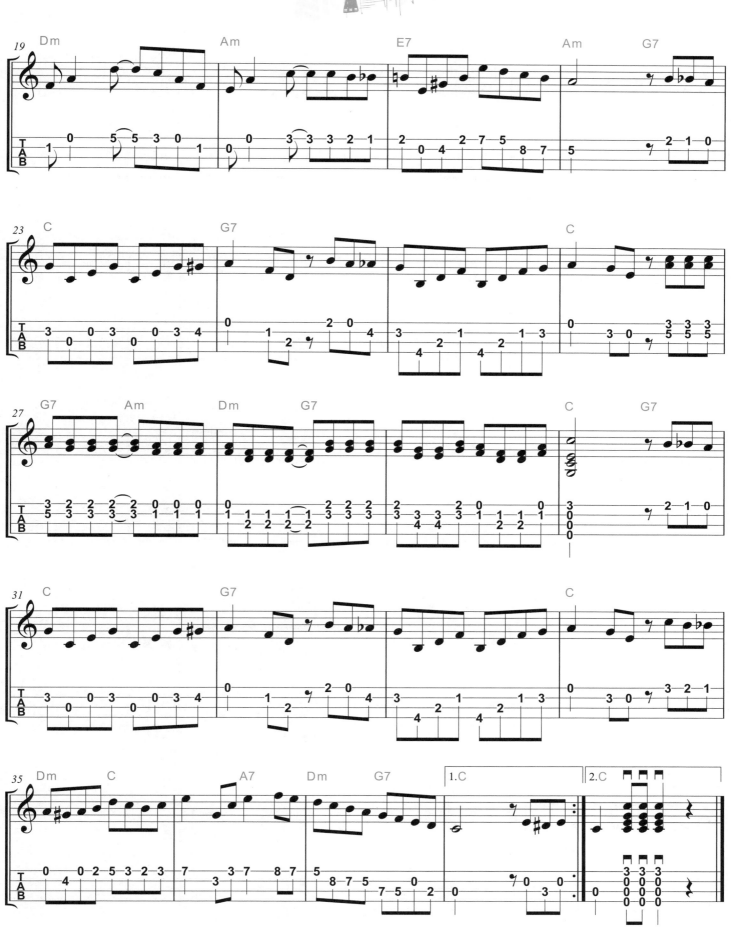

우쿨송

박정윤 작사·작곡

뚜비두밤 바
뚜비두밤 바
뚜비두밤 바
뚜비두밤 바

노 래해요 신 나 게
우쿨 우쿨 치면 서

브러싱 : 왼손을 뮤트한 상태에서 타악기처럼 소리나게 하는 스트러밍 주법

고 고로 해봐요 —
브러싱
칼 립소 는어때 요
브러싱

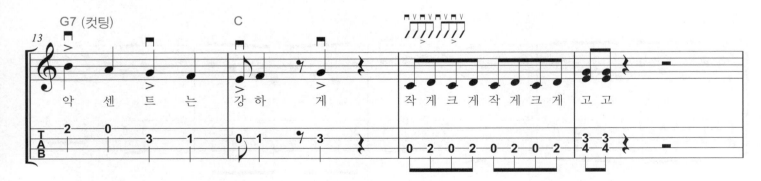

악 센 트 는 강 하 게
작게크게작게크게 고 고

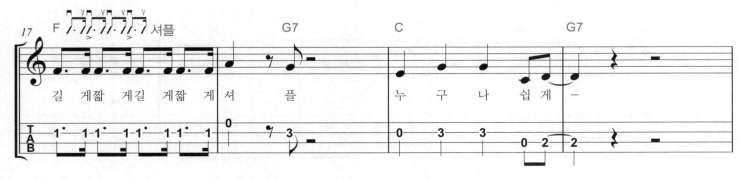

길 게짧 게길 게짧 게 셔 플
누 구 나 쉽 게 —

산골 소녀의 사랑 이야기

예민 작사 · 작곡

산골 소년의 사랑 이야기(노래 악보)

· 코드만 보고 아르페지오로 연주해 봅시다.

예민 작사·작곡

94

부록

아리랑

우리나라 민요

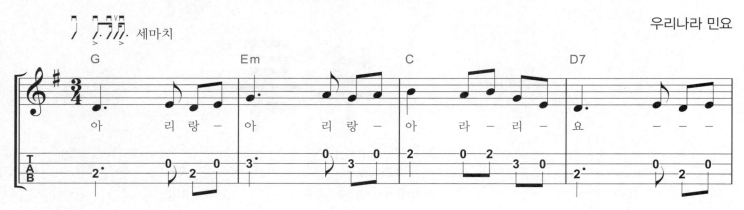

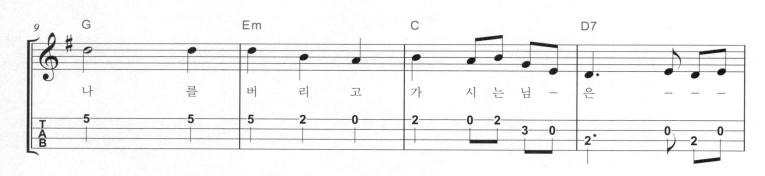

어머니와 고등어

김창완 작사·작곡

한밤중에 — 목이말라 — — 냉 — 장고를 열 — 어보니

— 한귀퉁이에 — 고등어가 — —

소금 — 에절여 져있네 — — 어머니 코고는 —

소 — 리 조그 — 맣게 — 들 — 리네 —

어머니는 — 고등어를 — — 구워 주려 하 — 셨나보다
어머니는 — 고등어를 — — 절여 놓고 주무시는 구나

소 — 금 에 절여놓 고 — — — — —
나 — — 는 내일아 침 — 에는 —

편안 하게 주무시 는 구 — 나 — — 나 — 는 내일아침
고등어 구일 먹을 — 수 있 — 네 — — 나 — 는 참 — 바 —

에 — 는 고등어구 일 먹 을 수 — 있네 —
보 — 다 엄마만 봐 도 봐도 좋 — 은걸 —

99

여행을 떠나요

하지영 작사 · 조용필 작곡

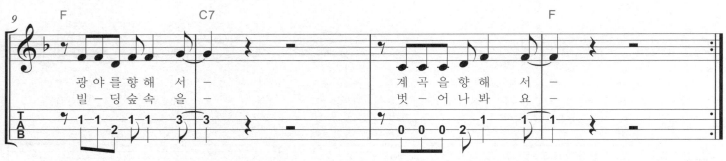

풍선

이두헌 작사 · 김성호 작곡

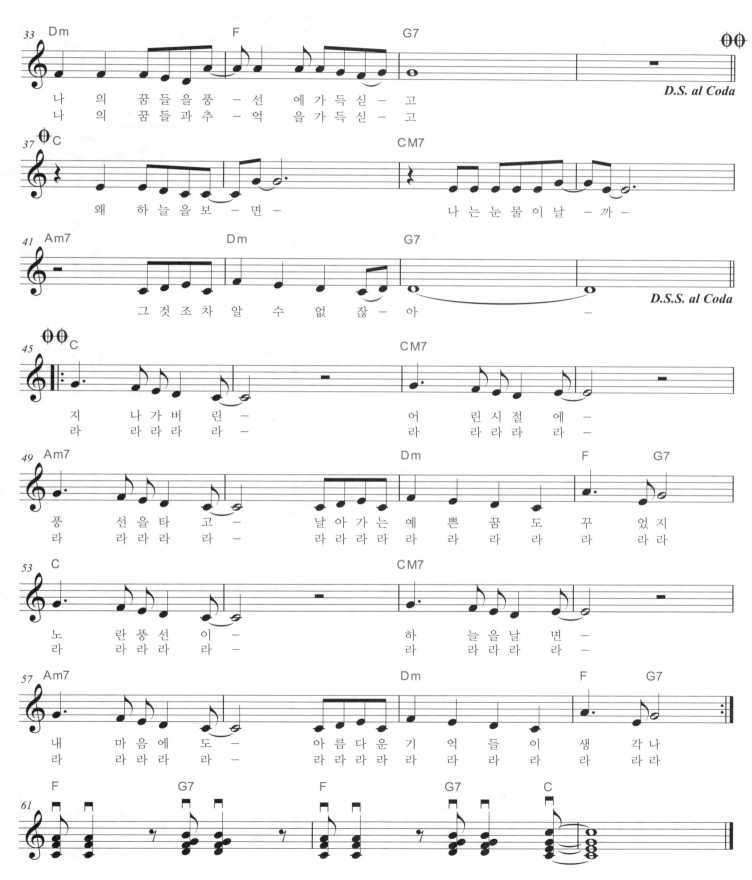

나 의 꿈들을풍 – 선 에가득싣 – 고
나 의 꿈들과추 – 억 을가득싣 – 고

D.S. al Coda

왜 하늘을보 – 면 –   나 는 눈 물 이 날 – 까 –

그 것 조 차 알 수 없 잖 – 아   –

D.S.S. al Coda

지 나 가 버 린 –   어 린 시 절 에 –
라 라 라 라 라 –   라 라 라 라 라 –

풍 선 을 타 고 –   날 아 가 는 예 쁜 꿈 도 꾸 었 지
라 라 라 라 라 –   라 라 라 라 라 라 라 라 라 라 라

노 란 풍 선 이 –   하 늘 을 날 면 –
라 라 라 라 라 –   라 라 라 라 라 –

내 마 음 에 도 –   아 름 다 운 기 억 들 이 생 각 나
라 라 라 라 라 –   라 라 라 라 라 라 라 라 라 라 라

103

사랑은 은하수 다방에서

권정열, 윤철종 작사 · 작곡

사 랑

은

은 하 수 다 방 문 앞 에 서 만 나 홍 차 와 냉 커 피 를 마

시 — 며 매 일 똑 같 은 노 래 를 듣 다 가 온 다

네 그 대 는 물 에 젖 지 않 는 성 냥 개 비 같 아 아

무 리 싫 은 표 정 지 어 도 불 타 는 그 마 음 을 감 출 수 가 없 다 네

그 대 — 나 에 게 — 무 슨 말 이 라 도 해 주 오 —

나 는 — 찻 잔 에 — 무 지 개 를 띄 워 주 리 — — 하

루 도 이 틀 도 사 흘 도 배 겨 낼 수 가 없 네 못 살 고 못 죽 고 그 대 없 는 —

홀로 아리랑

한돌 작사 · 작곡

아 – 리 랑 고 개 를 넘 어 가 보 – 자

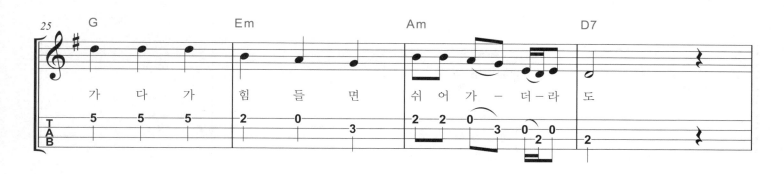

가 다 가 힘 들 면 쉬 어 가 – 더 – 라 도

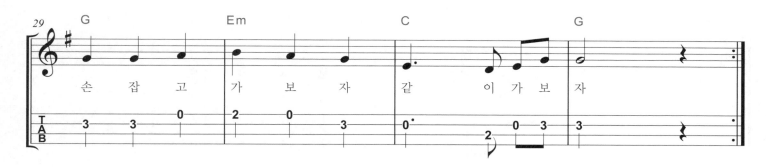

손 잡 고 가 보 자 같 이 가 보 자

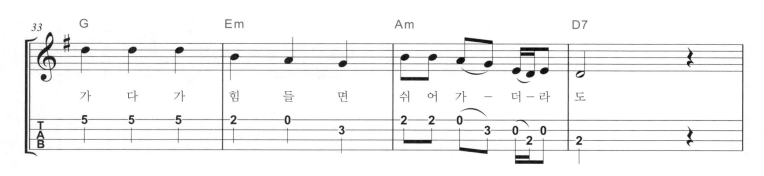

가 다 가 힘 들 면 쉬 어 가 – 더 – 라 도

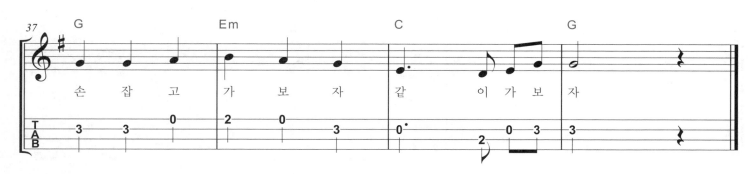

손 잡 고 가 보 자 같 이 가 보 자

염소 4만원

김윤주, 박세진 작사·작곡

햇살이 좋은날

박정윤 작사 · 작곡

한 마디에 코드가 2개일 때는 이곳에서 코드를 바꿔 주세요.

햇살이좋은 날 –   바람이좋은 날 –

풀내음이 – 좋은날 –   너를만나 – 러가는 날

처음만나 떨렸던   처음느낀 사랑을

아주 옛날에는 사람이 안 살았다는데

김창완 작사·작곡

112

113

매력있어

이찬혁 작사·작곡

Em

오 오 오   오 오 오   우 우

Em

매력있어   내가 반하겠어   다이어트 중 마 주 친 치 킨 보 다 더   매력있어   어쩔때
어 서 벗 어   비 호 감 티 는 어 서 벗 어   매력있 는 자 들 만 탈 수 있 는   콜 럼 버 스   타 고 나

Bm7   Em

바삭한 어쩔 땐 매콤 한 반전의 그대여   매력있어   내가 반하겠어 —
만의 매력을 이 세 상 저 세 상 에 어 필 해   어 서 벗 어   비호감티는 어서 벗어 —

Em   (컷팅)

대대대대대 기업 회장 비서   보 다 더 매력있어   겨울밤
다 다 다 단번에 내 눈 에 들었어   내가 찜꽁했어   햇볕아

Em   Bm7

뜨 끈한 오뎅 국물 보다 매력 있 어   네어떤 면 이도 대 체 내 맘 을
래 사 막 오 아 시 스 보다 눈 에 띄었어   이 런 메 마 른 내 맘 을 축 여 줄

Bm7   Em

따 뜻 하 게 하 는 지   회 장 비 서   보 다 더 매력있어 — —
단 비 같 은 그 대 여   매 력 있 어   내 가 반 하 겠 어 — —

Em

크 지 않 는 눈 오 똑 하 지 않 는 코 하 지 만 이 게 뭐 야 난 네 게

114

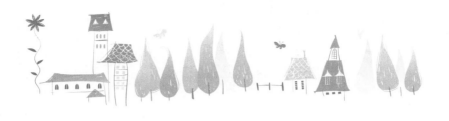

벚꽃엔딩

장범준 작사·작곡

Fly Me To The Moon

바트 하워드 작사 · 작곡

Yesterday

폴 매카트니, 존 레논 작곡

Sing
Part.1

조 라포소 작사·작곡

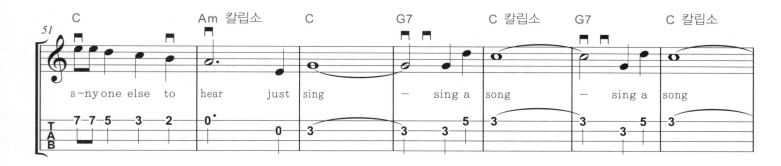

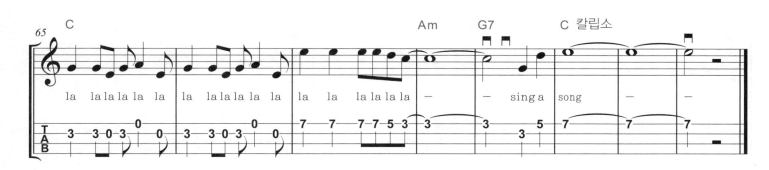

Sing
Part.2

조 라포소 작사 · 작곡

F장조 메들리

박정윤

한국실용음악연주교육협회 부회장
피카피카 우쿨렐레 오케스트라 악장
장안대학교 유아교육과 외래교수
도약닷컴(인터넷 강좌) 우쿨렐레 강좌 교수

김종화

한국실용음악연주교육협회 교육총괄이사
피카피카 우쿨렐레 오케스트라 단장
수원여자대학교 평교원 우쿨렐레 강사
파피루스레이블 대표

GoGo 싱 우쿨렐레

발행일 2025년 1월 10일
발행인 남 용
편저자 박정윤, 김종화
발행처 일신서적출판사
주 소 서울시 마포구 독막로 31길 7
등 록 1969년 9월 12일 (No. 10-70)
전 화 (02) 703-3001~5 (영업부)
        (02) 703-3006~8 (편집부)
F A X (02) 703-3009
I S B N 978-89-366-2877-2 93670

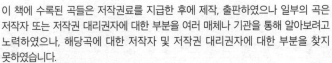